は　じ　め　に

　人類は地球上のさまざまな地域に暮らし、それぞれの地理的な条件や気候などの自然環境に合った生活を営んできました。そして、さまざまな文化をはぐくみ、受けついできました。日本の各地で、それぞれに特ちょうのある生活のしかたや文化が見られますが、沖縄では特に他の地域とは異なる面が見られます。それは、地理的条件や自然環境が異なることにもよりますが、それらに加えて、歴史的な歩みが独自だったことも関係しています。

　かつて沖縄は琉球王国という独立した国でした。日本の本土や中国、東南アジアなど、周辺の国や地域との交流の中でさまざまなえいきょうを受けながら、独自の文化を築きました。日本に組みこまれた後には、人口の4分の1が犠牲になるほどの悲惨な戦争を経て、アメリカの統治下に置かれるという、日本の他の地域とはちがった経験をしています。そのえいきょうは現在も沖縄のさまざまな面に残っています。現在の沖縄は、観光やレジャーに多くの人が訪れますが、その一方で、解決の難しい問題も多くかかえています。ただ、その多くは日本全体がかかえている問題でもあります。その意味で、「沖縄から日本が見える」とも言われているのです。

　このシリーズでは、「沖縄」に視点を置いて、「戦争と平和」を考えていきます。沖縄がどのようなところなのか、どのような歴史を歩んできたのか、今どのような問題があるのか、その解決策は…と考えることで、「戦争のない平和な世界を築くにはどうしたらよいのか」という課題に対する答えを探していきましょう。

　この巻では、今の沖縄がかかえるさまざまな問題を見ていきます。それらは、沖縄だけの問題ではなく、日本全体の問題でもあります。どうしたら解決できるのか、それぞれに考えてみてください。

監修者　池上彰

監修
池上彰

教えて！池上彰さん

沖縄から考える戦争と平和

okinawa kara
kangaeru
senso to
heiwa

第3巻

沖縄の今

okinawa no ima

小峰書店

もくじ

※この本は、とくに断りのない限り、2024年1月時点の情報にもとづいています。

沖縄の今

独自の歴史を歩んできた沖縄は、今もさまざまな問題をかかえている。

あれは
なんだろう？

アキ

ハルト

あれは、アメリカ軍
の施設だよ。

アメリカ軍！？

どうして沖縄に
アメリカ軍の施設が
あるの？

それはね…。
日本政府とアメリカ
政府の取り決めなんだ。

日本各地に
アメリカ軍施設
があるんだよ！

ぴかー

そうなの！？

聞いたことある。

特に沖縄には、多くのアメリカ軍施設があるんだ。

こんなに!?

アメリカ軍施設が多くあることで、いろいろな問題が生まれているんだ。

いったいどんな問題?

なんとかならないの?

どうして沖縄にアメリカ軍施設が多いのか。

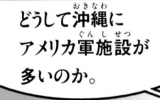

それによってどのような問題があるのか…。

それを考えることで、

沖縄の今の姿を知ることができる。そして、

戦争と平和について考えることにもつながるんだ。

調べに、行こう!

沖縄のアメリカ軍施設

沖縄のアメリカ軍基地のひとつ、普天間飛行場。
市街地に囲まれ、「世界一危険な基地」といわれる。

©PIXTA

アメリカ軍施設の割合

　日本全体にしめる沖縄の面積の割合は0.6％、人口は1％です。全国的には小さな県ですが、日本にあるアメリカ軍施設（基地）の約70％が集まっています。これは、沖縄県の面積の約8％に当たり、沖縄島だけだと、約15％がアメリカ軍施設ということになります。市町村別に見ると、嘉手納町のように、面積の80％以上をアメリカ軍施設がしめているところもあります。

　これらの施設は、市街地の中、あるいはその近くにあるものも多く、さまざまな問題の原因となっています。日本全体でも、沖縄だけが特に大きな負担をしているのです。

都道府県別のアメリカ軍施設面積の割合
（2022年3月末）

『沖縄の米軍及び自衛隊基地（統計資料集）』
令和5年10月 沖縄県知事公室基地対策課

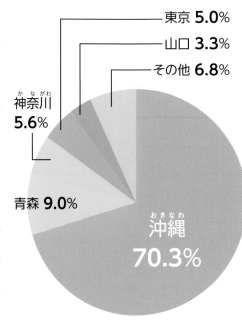

- 東京 5.0％
- 山口 3.3％
- その他 6.8％
- 神奈川 5.6％
- 青森 9.0％
- 沖縄 70.3％

アメリカ軍施設面積のしめる割合が高い市町村
（2022年3月末）

『沖縄の米軍及び自衛隊基地（統計資料集）』
令和5年10月 沖縄県知事公室基地対策課

	市町村名	市町村の面積にしめる割合
1	嘉手納町	82.0
2	金武町	55.6
3	北谷町	51.6
4	宜野座村	50.7
5	読谷村	35.6
6	伊江村	35.2
7	沖縄市	34.0
8	宜野湾市	29.4
9	恩納村	29.2
10	東村	27.7

沖縄島の主なアメリカ軍施設

奥間レストセンター

北部訓練場

伊江島補助飛行場

北部

八重岳通信所

キャンプ・シュワブ

キャンプ・ハンセン

辺野古弾薬庫

金武ブルー・ビーチ訓練場

金武レッド・ビーチ訓練場

嘉手納弾薬庫地区

天願桟橋

トリイ通信施設

キャンプ・コートニー

陸軍貯油施設

キャンプ・マクトリアス

嘉手納飛行場

キャンプ・シールズ

中部

キャンプ桑江

ホワイト・ビーチ地区

牧港補給地区

津堅島訓練場

泡瀬通信施設

那覇港湾施設

キャンプ瑞慶覧

南部

普天間飛行場

0   10km

アメリカ軍施設はフェンスで囲まれているよ。

©PIXTA

普天間飛行場を囲むフェンス。

沖縄島以外のアメリカ軍施設と訓練区域

訓練区域

奄美大島

伊江島補助飛行場

鳥島射爆撃場

久米島

黄尾射爆撃場

赤尾射爆撃場

沖縄島

出砂島射爆撃場

久米島射爆撃場

宮古島

石垣島

沖大東島射爆撃場

0   100km

日本とアメリカと沖縄

日米安全保障条約の締結

　沖縄にアメリカ軍基地が多いのは、太平洋戦争後の日本とアメリカ、そして沖縄の関係が理由です。

　戦争に負けた日本は、アメリカをはじめとする連合国軍に占領されました。1951（昭和26）年、日本は連合国とサンフランシスコ平和条約を結んで翌年から主権を回復しますが、このとき、アメリカとの間に日米安全保障条約（安保条約）が結ばれました。この条約は、日本の独立後も、「極東（日本をふくむ東アジア）の平和と安全を守るために」アメリカ軍が引き続き日本にとどまり、日本の安全を守るというものでした。

　現在も日本にアメリカ軍基地が置かれているのは、日本政府とアメリカ政府が結んだ安保条約にもとづいているためです。

日米地位協定の取り決め

　1951（昭和26）年に調印された安保条約は、1960（昭和35）年に内容を改定し、「日米相互協力及び安全保障条約（新安保条約）」として引きつがれることになりました。このときは、日本が再び戦争に巻きこまれる危険があるとして、国内で大きな反対運動が起こりましたが、結局、新安保条約は成立します。そして、この条約を実行するために日本にとどまるアメリカ軍に関する取り決めが交わされました。これを日米地位協定といいます。

　日米地位協定では、アメリカ軍は日本にある基地を無料で使用できること、アメリカ軍人が公務中に事件や事故を起こした場合は、アメリカ側に裁判権があることなどを規定しています。アメリカ軍人が事件や事故を起こしても公務中であれば日本は捜査をしたり裁判にかけたりできないということです。しかも、公務中かどうかを判断するのはアメリカ側とされています。この規定をめぐって、しばしば問題が起こっているのです。

©PIXTA

神奈川県の厚木基地。日本の自衛隊とアメリカ軍が共同で使用している。

アメリカには、社会主義国の拡大を防ぐためにアジアに拠点を置くというねらいがあったんだ。

朝日新聞社 / Cynet Photo

1960（昭和35）年の安保改定をめぐる反対運動（安保闘争）。大規模な反対運動が約1か月間続いた。写真は国会議事堂周辺で行われたデモ。

太平洋戦争後に
できた沖縄の基地

　太平洋戦争の末期に地上戦が行われた沖縄は、本土とは異なる道を歩みました。

　1945（昭和20）年4月に沖縄島に上陸したアメリカ軍は、沖縄を支配下に置いて、基地建設を進めました。日本が独立を回復してからも沖縄はアメリカに統治されたままでした。その後もアメリカ軍は、武力を背景に強制的に土地を借り上げ、基地を広げていきました。

　1972（昭和47）年までは、借地料はアメリカ軍から直接土地の所有者に支払われていました。その年、沖縄が日本に返還されてからは、アメリカ軍施設は、その土地を日本政府が所有者から借り受けて、アメリカ軍に貸しているという形に変わりました。

　日本本土のアメリカ軍基地の多くもそうですが、沖縄のアメリカ軍基地のほとんどは私有地であるため、土地の返還や借地料をめぐる争いが起こることがあります。

読谷村にあったアメリカ軍の通信施設。沖縄の基地問題の象徴として「象のおり」と呼ばれた。土地所有者が契約更新に応じなかったため、2006年に土地が返還された。

朝日新聞社 / Cynet Photo

土地を強制的に借り上げるなんて、ひどいことをしたんだね。

増えていった沖縄の
アメリカ軍施設の割合

　1950年代前半までは、日本各地にアメリカ軍施設がありました。この時期は、日本全体にしめる沖縄のアメリカ軍施設の割合は10％ほどでした。日本が主権を回復してからは、各地でアメリカ軍基地に反対する運動が起こり、日本政府とアメリカ政府の取り決めで、本土の基地が沖縄に移されていきました。

　1960年代に、アメリカがベトナムでの戦争に参加すると、沖縄はアメリカ軍の出撃地となり、基地が広がりました。このころには、沖縄のアメリカ軍基地の割合は日本全体の約50％になりました。1970年代には、本土のアメリカ軍基地が大きく減ったために、沖縄のアメリカ軍基地の面積は全体の70％をしめるまでになったのです。

朝日新聞社 / Cynet Photo

↓

©PIXTA

東京の代々木には戦後、ワシントンハイツと呼ばれるアメリカ軍施設があった。1964（昭和39）年の東京オリンピックを機に日本に返還された。現在は代々木公園として整備されている。

アメリカ軍基地に関する問題

アメリカ軍による事故

　アメリカ軍基地が多くあることでさまざまな問題が生じています。ひとつは、アメリカ軍機などによる事故の危険があることです。

　1959（昭和34）年には、石川市（現・うるま市石川）の宮森小学校とその付近の民家にアメリカ軍のジェット機が墜落して炎上しました。子どもをふくむ17名が犠牲になり、210名が負傷しました。乗っていたパイロットはパラシュートを使って脱出して無事でした。アメリカ軍は、事故の原因を機体の故障によるものと発表しましたが、実際には整備のミスでした。

　2004（平成16）年には、普天間基地の軍用ヘリコプターがとなりの沖縄国際大学に墜落炎上する事故が起こりました。夏休みだったため、奇跡的に死傷者は出ませんでしたが、建物などに被害が出ました。このときは、消火後にアメリカ軍が現場から日本の警察などをしめ出して残骸を持ち去ってしまいました。これは、日米地位協定で、アメリカ軍の財産に対して日本の捜査権がないと定められているからでした。

毎日新聞社/アフロ

宮森小学校にジェット機が墜落した。

朝日新聞社 / Cynet Photo

沖縄国際大学に墜落したヘリコプターの残骸。

軍用機の騒音問題

　アメリカ軍機による騒音も大きな問題のひとつです。軍事訓練は、昼も夜も行われ、すさまじい音を立てて飛行機が飛び交います。基地の近くでは、会話もできないほどの騒音がすることもあり、保育園では昼寝をしている園児がおどろいて起きてしまうこともあるほどです。騒音問題はこれまでに住民が裁判を起こしたこともありましたが、請求は退けられています。

©PIXTA

普天間基地のアメリカ軍機。

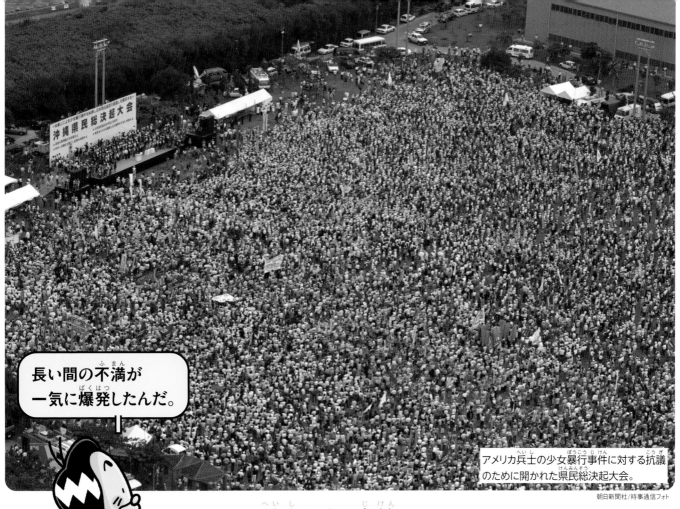

長い間の不満が一気に爆発したんだ。

アメリカ兵士の少女暴行事件に対する抗議のために開かれた県民総決起大会。

朝日新聞社/時事通信フォト

兵士による事件

　アメリカ軍兵士による事件も大きな問題です。戦後、アメリカが沖縄を統治して以来、暴行などの犯罪を起こす兵士は数多くいましたが、日本側が逮捕したり裁判にかけたりすることはできませんでした。

　1995（平成7）年9月、12歳の女子小学生が3人のアメリカ兵士に連れ去られ、性的暴行を受けるという事件が起こりました。沖縄の警察は、アメリカ軍に対して3人を引きわたすように要求しましたが、日米地位協定を理由に拒否されました。これにより、沖縄県民のアメリカ軍に対するいかりが爆発し、大きな抗議運動にまで発展しました。

基地による環境へのえいきょう

　アメリカ軍基地内から、航空機などの燃料が流れ出して、川や海などをよごす被害がたびたび発生しています。自然へのえいきょうのほか、住民の生活や健康をおびやかすのではないかと不安視されています。

　また、これまでに返還された土地から有害物質がうめられていたのが発見されたこともあり、土壌へのえいきょうも心配されています。

航空機の燃料などが環境へえいきょうをあたえる問題が起こっている。

©PIXTA

基地問題の行方

普天間飛行場移設問題

　戦後アメリカの統治下にあった沖縄が日本に返還されたとき、多くの沖縄県民は、アメリカ軍の基地が全面的に返還されることを望みました。しかし、日米の政府が沖縄は東アジアの平和と安全に重要な意味を持つ場所であるという見解をとったことで、多くの基地が残ったままになりました。

　1995（平成7）年のアメリカ兵による少女暴行事件をきっかけに、アメリカ軍基地への反対運動がさかんになり、特に宜野湾市の街なかにあった普天間飛行場の返還を求める声が高まりました。1996（平成8）年、日米政府は、沖縄県内に移設することを条件に普天間飛行場の返還に合意しました。

　ところが、その移転先をめぐってさまざまな意見が出され、なかなか決着しない事態になってしまったのです。

朝日新聞社 / Cynet Photo

1996年4月、普天間飛行場の返還を発表する橋本龍太郎首相（当時）とモンデール駐日アメリカ大使（当時）。

辺野古地区への移転への反対運動

　普天間飛行場の移設候補地として選ばれたのは、沖縄島北部の名護市で、アメリカ軍基地のキャンプ・シュワブがある辺野古地区でした。この沿岸をうめ立てて飛行場をつくることになったのです。辺野古地区には、沖縄島でも有数のサンゴ礁が広がり、絶滅危惧種のジュゴンをはじめとした動植物も豊富です。そのため、うめ立てにより貴重な自然が失われることを心配する声が上がりました。しかし、1998（平成10）年の名護市長選挙と沖縄県知事選挙で移設受け入れ派が当選し、1999（平成11）年、普天間飛行場の移設先が辺野古地区とされ、名護市も正式に受け入れました。

　このような中で、2004（平成16）年に、普天間飛行場を離陸したアメリカ軍ヘリコプターが沖縄国際大学の構内に墜落する事故が起こり、普天間基地の撤去を求める声はいっそう高まりました。

基地移設のために環境破壊が起こってしまうんだね。

空から見た辺野古地区。

©PIXTA

「最低でも県外」を公言した民主党内閣

　2006（平成18）年、日米政府は、辺野古に2本の滑走路を持つ飛行場を建設するとともに、アメリカ海兵隊約8000人をグアム島に移すこと、それにともなって沖縄市の嘉手納飛行場から南のアメリカ軍施設を返還・統合することに合意しました。

　しかし、多くの県民は普天間飛行場の県外への移設を求めていました。2009（平成21）年に、衆議院議員選挙で第一党になり政権を担った民主党の鳩山由紀夫首相は、普天間飛行場の移転先を「最低でも県外」と公言していましたが、アメリカの同意を得られず、結局辺野古地区への移設を認めざるを得ませんでした。

朝日新聞社 / Cynet Photo

辺野古のうめ立てに抗議する人々。

読売新聞社 / アフロ

2009年、沖縄を訪れて普天間基地の移設先を視察する鳩山首相（当時）。

解決が難しい問題に

　その後、2012（平成24）年に民主党から自由民主党に政権がもどると、再び辺野古地区への移設が承認されました。しかし、名護市長、沖縄県知事に反対派が当選すると、政府と対立し、裁判で争う事態になりました。

　こうして普天間飛行場の移設問題はなかなか進展を見ないでいます。2019（平成31）年に行われた県民投票では、辺野古のうめ立てに反対する人が圧倒的に多いという結果が出ていますが、うめ立て工事は継続されています。

　基地の問題は、日米の安全保障や環境問題が複雑に関係し、簡単には解決できないのです。

アメリカ軍基地と沖縄経済

　アメリカ軍の基地がたくさんあることで、沖縄の経済に貢献しているのではないかという声があります。県民総所得にしめる基地関連収入の割合では、沖縄が日本に復帰する前の1965（昭和40）年度には約30％でしたが、復帰直後の1972（昭和47）年度には15.5％。1990（平成2）年度以降は5％前後に下がっています。経済的な面からも、沖縄は基地なしでも自立できることがわかります。

沖縄県の県民総所得と基地関連収入の割合

沖縄の米軍及び自衛隊基地（統計資料集）令和5年10月（沖縄県HP）

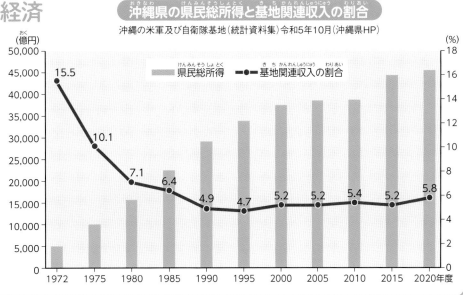

県民総所得　●基地関連収入の割合

年度	基地関連収入の割合(%)
1972	15.5
1975	10.1
1980	7.1
1985	6.4
1990	4.9
1995	4.7
2000	5.2
2005	5.2
2010	5.4
2015	5.2
2020	5.8

沖縄と本土との格差

うまらない本土との格差

　沖縄県には、本土の都道府県と比べてさまざまな面で格差があることも大きな問題です。本土との格差についての意識調査によると、約9割の県民が本土との格差があると答えています。

　さまざまな格差の中で最も問題なのは何かという質問に対しては、所得、基地問題、教育、交通網、就職があがっています。所得と答えた人の割合が最も高く、経済的な格差を感じている人が多いことがわかります。

沖縄と本土の格差で最も問題なのは?

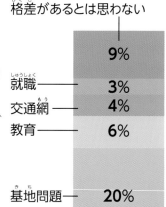

格差があるとは思わない	9%
就職	3%
交通網	4%
教育	6%
基地問題	20%
所得	55%

その他、答えないは省略

ほとんどの人が格差を感じているよ。

本土との格差についての意識調査

沖縄タイムス、朝日新聞、琉球朝日放送（QAB）共同の沖縄県民意識調査

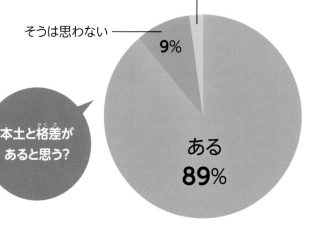

その他、答えない 2%
そうは思わない
9%
ある
89%

本土と格差があると思う?

経済面での格差

　沖縄と本土との所得を比べると、本土復帰のころは沖縄の所得は本土の約60%でした。その後沖縄の経済が発展し、格差は縮まりましたが、現在も全国平均の約70%と、低いままです。

内閣府経済社会総合研究所「国民経済計算年報」及び「県民経済計算」

■ 1人当たり県民所得（万円）　■ 1人当たり国民所得（万円）　●─● 所得格差（全国を100とした場合）

57.8　74.5　68.8　74.4　67.4　62.2　62.7　67.2　69.4　73.4　72.8

1972　1975　1980　1985　1990　1995　2000　2005　2010　2019　2020年度

経済格差の原因は?

　沖縄の経済格差にはいくつかの原因があります。

　戦後のアメリカ統治下にあった時代には、価値の高いドルを使っていたため、外国の製品が安く輸入でき、製造業がのびなかったこと。また、産業にしめる製造業の割合が低く、大企業が少なく雇用が安定しないこと。県の面積がせまく、島が広く点在していることから大規模な産業が生まれにくく、ものを輸送するのにコストがかかることも、経済の格差につながっています。

　主な産業は観光業ですが、新型コロナウイルス感染症のえいきょうを受けるなど、不安定な面もあります。

　今後、本土との経済格差を減らしていくためには、このような産業のあり方を変えていく必要があるでしょう。

©PIXTA

沖縄のリゾート地。観光業は沖縄の主要な産業だが、ひとつの産業にかたよりすぎると、打撃を受けやすいというもろさもある。

©PIXTA

北谷町にある美浜タウンリゾート・アメリカンビレッジ。アメリカ軍基地の跡地に建設された商業施設。

朝日新聞社 / Cynet Photo

北中城村にある「イオンモール沖縄ライカム」。アメリカ軍施設にあったゴルフ場の跡地にできたショッピングモール。

経済成長のために

　沖縄の経済成長をうながす対策のひとつに、返還されたアメリカ軍基地を有効に利用することがあげられます。基地の跡地を商業施設や観光地にして成功している例もあり、今後の成長が期待されています。

　また、IT（情報技術）に関連する産業をのばそうと、関連企業を集める取り組みも行われています。

アメリカ軍基地が返還されることで経済成長が期待できるね。

15

尖閣諸島をめぐる領土問題

尖閣諸島とは?

　尖閣諸島は、南西諸島の西端近くの、沖縄島から約410kmはなれたところにあります。石垣市の一部で、総面積約5.5km^{2}の小さな島々です。

　5つの島と3つの岩礁からなり、人はだれも住んでいません。アホウドリやカツオドリなど、たくさんの海鳥が生息しています。最も面積の広い魚釣島は面積約3.8km^{2}で、そのほかに、北小島、南小島、久場島、大正島があります。

　かつては個人が所有していましたが、現在は日本政府が所有し、管理しています。

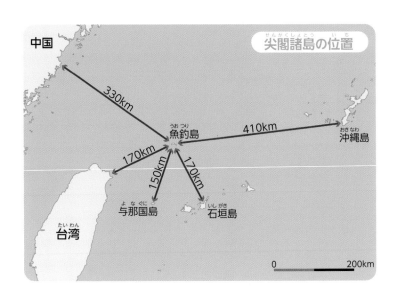

朝日新聞社 / Cynet Photo

絶海のはなれ島という感じだね。

正式に日本の領土になる

　尖閣諸島は沖縄島などからも遠く、江戸時代までは住む人はいませんでした。明治時代に入り、琉球王国が日本の沖縄県になった後の1885（明治18）年に、県がこの島を調査し、どの国のものでもないことを確かめました。10年後、日本政府は尖閣諸島を日本の領土であると宣言し、国際的にも認められました。

　その後、島の近くでとれるカツオを加工するかつおぶし工場が建てられ、人も居住するようになりましたが、1940（昭和15）年にかつおぶし加工事業が終わると、住む人もいなくなりました。

尖閣諸島最大の島、魚釣島。

那覇市歴史博物館

尖閣諸島にあったかつおぶし工場と住民たち。

中国や台湾が領有権を主張

太平洋戦争後、尖閣諸島は、南西諸島の一部としてアメリカの統治下に置かれました。そのころ、中国では、共産党と国民党の争いが続き、1949（昭和24）年に共産党が中華人民共和国を建国し、国民党の中華民国は台湾へのがれました。いっぽう、1972（昭和47）年には、沖縄の本土復帰とともに尖閣諸島も日本に返還されました。

1968（昭和43）年、尖閣諸島近くの海底に天然ガスが豊富にあることがわかりました。すると、1970年代に入って、中国、台湾がそれぞれ尖閣諸島は自国の領土であると主張を始めました。

日本政府としては、尖閣諸島は正規の手続きをとって領土にした土地であり、実効支配しているので、尖閣諸島に関する領土問題は存在しないという見解です。

大きな国際問題になることも

2010（平成22）年、中国の漁船が尖閣諸島近くの日本の領海に入って漁をしていたため、日本の海上保安庁の船が取りしまろうとしました。領海とは、国の主権がおよぶ範囲で、他国の船や航空機が通ることを拒否できる区域です。中国の立場では尖閣諸島は中国の領土なので、自国の領海で操業していたことになります。このとき、逃走する漁船が海上保安庁の船に衝突したため、海上保安庁は漁船の船長を逮捕して石垣島に連行しました。この事件が、日中の間で大きな問題になりました。

また、2012（平成24）年に、日本政府は尖閣諸島を所有者から買い取って、国有地にしました。中国がこれに反発し、中国各地で日本企業の店がこわされるなどの暴動が起こりました。「中国の領土なのに日本が国有化した」ことへの抗議でした。

中国や台湾は、今後も尖閣諸島の領有権を主張し続けるでしょう。ささいな対立から大きな国際問題に発展しかねません。

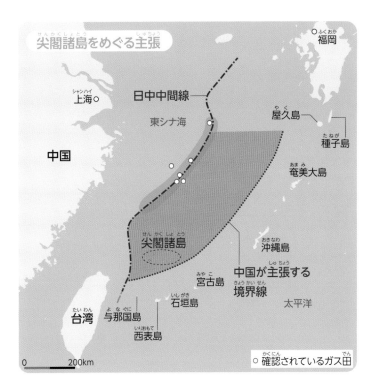

尖閣諸島をめぐる主張

福岡
上海
シャンハイ
日中中間線
東シナ海
屋久島
やく
種子島
たねが
中国
奄美大島
あまみ
尖閣諸島
沖縄島
おきなわ
中国が主張する
境界線
きょうかいせん
宮古島
みやこ
太平洋
石垣島
いしがき
台湾
与那国島
よなぐに
西表島
いりおもて
0　　200km
○ 確認されているガス田
かくにん　　　でん

アフロ

2010年、日本の海上保安庁の巡視船にぶつかってくる中国漁船。

Alamy / Cynet Photo

日本が尖閣諸島を国有化したことへの抗議デモ（中国）。日本企業の店に放火したり、石を投げつけたりする暴動が起こった。

地政学的に重要な沖縄

地理的条件から国際関係を考える

　世界には多くの国があり、同盟、敵対、中立などの立場で他国と関係しています。例えば日本は、アメリカや韓国（大韓民国）と同盟関係で、北朝鮮（朝鮮民主主義人民共和国）とは国交がありません。中国とは貿易などの面では関係が深いですが、対立することもあります。ロシアともさまざまな関わりがありますが、領土問題をめぐる対立もあります。

　また、国と国との関係には、となり合っているか、海に面しているかなど、地理的な条件も深く関わっています。地理的な条件に注目して国際関係を考える学問を地政学といいます。

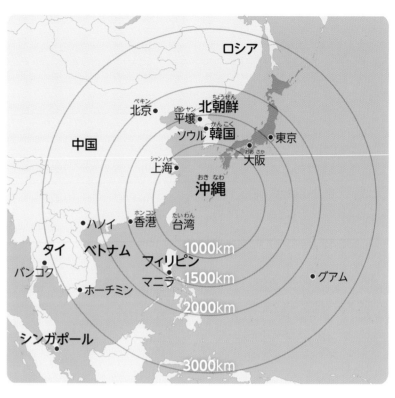

沖縄は世界的にも重要な拠点

　沖縄は地政学的に見て、たいへん重要な場所です。沖縄から半径3000kmの円内に日本の国土と、朝鮮半島、中国大陸、東南アジアの多くの地域がおさまります。沖縄は、どこに行くにも便利な場所に位置しているのです。

　さらに沖縄の基地に1万km先まで攻撃できるミサイルを配備すれば、世界の約3分の1の範囲を攻撃の対象にすることができます。このような場所は世界でも多くはありません。

　また、アジア大陸から太平洋に進出しようとした場合、日本列島と並んで南西諸島がふたをしてそれをはばむ位置にあります。この面からも沖縄の重要性がよくわかります。

南北を逆さにした地図を見ると、沖縄の重要性がよくわかるね。

軍事拠点としてのオキナワ

第二次世界大戦後、アメリカを中心とする資本主義の国々と、ソ連（現・ロシア）を中心とする社会主義の国々が対立するようになりました。アメリカは、日本をソ連や中国などの社会主義陣営の勢力拡大を防ぐ防波堤にしようと考えました。沖縄は「太平洋の要石」と位置づけられ、多くの軍事基地が築かれました。

1960年代から1970年代にかけて、ベトナムでは、統一と独立をめぐるベトナム戦争が続いていました。当時、ベトナムは北部の社会主義の国と南部の資本主義の国の2つに分かれており、アメリカは、南ベトナムを支援して、北ベトナムを攻撃しました。このとき沖縄のアメリカ軍基地から戦地のベトナムに多くの爆撃機が飛び立っていきました。「オキナワなくしては、アメリカはベトナム戦争を戦えなかった」といわれています。

日本政府もアメリカと同盟関係にあったことや、ベトナム戦争に必要な物資の生産で経済がうるおうことなどからアメリカを支持していました。

そのころ、沖縄に核兵器が配備されていたことも明らかになっています。日本は、広島と長崎で原爆の悲惨さを味わっていたため、核兵器を「持たず、つくらず、持ちこませず」（非核三原則）という方針をとっていましたが、沖縄の核兵器配備に対して黙認していたのではないかと指摘されています。

朝日新聞社 / Cynet Photo

沖縄の基地からアメリカ軍の爆撃機がベトナムに飛び立っていった。

沖縄県公文書館

1960年代に、ソ連や中国に対抗するためにアメリカが沖縄に配備していた核巡航ミサイル（核兵器を積んで飛んでいくミサイル）。

基地の全面返還はある？

アメリカ軍基地が集中していることで、沖縄は大きな負担を受け、悲劇を味わってきました。そのいかりや悲しみから、沖縄県民は「基地のない平和な島」を願っています。そしてそれは、日本国民の願いでもあります。基地の全面返還をめざす行動は今も続いています。

しかし現実には、沖縄の戦略的な重要性を考えると、基地が全面的に返還される日はまだまだ先のことだといえそうです。

©PIXTA

嘉手納飛行場とアメリカ軍の輸送機。

戦争史跡を訪ねて

太平洋戦争中に激しい地上戦があった沖縄には、今も当時の様子を知る戦争史跡が残されているよ。戦争の悲惨さと平和のとうとさを知るためにもぜひ訪れてほしいね。

注意
※史跡には、保護者や先生などといっしょに行こう。
※有料の史跡や予約が必要な史跡もあるので、事前に調べておこう。
※それぞれの史跡のルールに従って見学しよう。

旧海軍司令部壕

©OCVB旧海軍司令部壕事業所

うす暗い通路が迷路のように張りめぐらされている。

かべに大田実司令官の愛唱歌が残る司令官室。

資料館には、家族にあてた手紙などの展示がある。

太平洋戦争中に、日本海軍の沖縄方面部隊を指揮する「海軍司令部基地」としてつくられた壕です。激しい戦闘の末、日本海軍が組織的戦闘の最期をむかえた場所で、ほぼ当時のまま残されている貴重な施設です。約3000人の設営隊が5か月間かけて手ぼりでほった跡、手榴弾で自決した際にかべに残った弾痕、司令官室のかべに書き残された文字など、当時の様子を伝えています。当時は450mあったといわれる壕の、約300mが復元、公開されています。資料館では、銃や軍服など壕内で見つかった遺品や家族へあてた手紙などの資料を展示しています。

住所 豊見城市字豊見城236

見学 年中無休
※平和教育プログラムあり

ホームページ
https://kaigungou.ocvb.or.jp/

糸数アブチラガマ

南部観光総合案内センター

戦後に新たにほられた現在の糸数アブチラガマの入り口。

慰霊碑。毎年6月23日に慰霊祭が行われる。

ガマの居住部分。食料や衣類の倉庫があった。

ガマの出口。

　沖縄島南部にある自然どうくつ（ガマ）です。戦争中は近くの糸数集落のひなん場所に指定されていましたが、沖縄の地上戦では、日本軍の陣地壕や倉庫として使用されました。後に南風原陸軍病院の分室になり、軍医や看護師、ひめゆり学徒隊が配属されました。全長270mのガマの内部は、600人以上の負傷兵であふれていたそうです。1945（昭和20）年5月25日に軍が南部に撤退し、病院も移動すると、住民、負傷兵、日本軍兵士の雑居状態になりました。8月15日に日本が終戦をむかえても住民たちはなお立てこもり、アメリカ軍の呼びかけに応じてガマを出たのは8月22日のことでした。

住所 南城市玉城字糸数667-1

見学 年中無休（年末年始を除く）

ホームページ
https://abuchiragama.com

榮橋

読谷村

爆破された橋の橋脚が、川のほとりに残っている。

　比謝川にかけられ、読谷村と嘉手納町を結んでいた橋です。鉄筋コンクリート製で、1931（昭和6）年ごろに完成しました。サトウキビを運搬するトロッコが通る線路がしかれ、2段のアーチをもつ構造だったことから二重橋とも呼ばれました。沖縄戦で、アメリカ軍が沖縄島に上陸すると、日本軍が敵軍の侵攻をおくらせるために爆破しました。現在は、橋の両端の橋脚が残っています。

上の写真と反対側の橋脚。

嘉手納町側に案内板がある。

| 場所 | 比謝橋から上流へ1kmほどのぼったところにある。 |
| 見学 | 嘉手納町側を、県立嘉手納高校から西にのびる道を進む。読谷村側は私有地なので、許可がないと見学できない。 |

旧天願橋

うるま市教育委員会

ひっそりと残る橋。現在は草木におおわれている。

　1934（昭和9）年ごろに完成した鉄筋コンクリートづくりの橋です。天願川にかかり、サトウキビなどを運ぶときに利用する暮らしに欠かせない橋でした。沖縄戦で、アメリカ軍の侵攻をおくらせるために日本軍が爆破したため、中央からV字形に折れてしまいました。しかし、アメリカ軍は、折れた橋にブルドーザーで土を盛って侵攻したといわれます。現在は新しい天願橋があるため、旧天願橋と呼ばれています。

中央付近で真っ二つに折れている。

竣工したころの橋の様子。

| 住所 | うるま市字天願200付近 |
| 見学 | 自由。危険なので、橋の上や下には近づかないこと。 |

沖縄陸軍病院 南風原壕群20号

南風原文化センター

那覇市内にあった沖縄陸軍病院が空襲にあって南風原国民学校（現在の小学校）に移転し、周囲の丘に約30の横穴壕をほりました。20号壕は長さ約70m、高さとはばは約1.8mあり、患者の病室、手術場、勤務者室がありました。麻酔なしでの手術も行われていました。陸軍病院が南部に撤退する際、重症患者は置き去りにされ、自決用の毒物が配られたといいます。

住所	島尻郡南風原町字喜屋武
見学	原則予約制。問い合わせ先は、南風原文化センター（29ページ）。

ホームページ

https://www.town.haebaru.lg.jp/docs/2020122100028/

約30つくられた横穴壕のひとつ。内部はせまく、湿気も多い。

高さ・はばともに約1.8mの広さの横穴壕。

入院患者のものと思われる石けん箱など。

シムクガマ

読谷村

沖縄戦で住民たちがかくれていた自然どうくつ（ガマ）のひとつです。約1000人の住民がひなんし、アメリカ軍がせまるとガマの中は大混乱になりました。そのとき、2人のハワイからの帰国者が「アメリカ人は人を殺さない」と説得したことで、投降に応じ、多くの命が救われました。すぐ近くのガマで集団自決があったのと対照的なガマとして知られています。

住所	中頭郡読谷村字波平438
見学	自由（足場が悪いので注意）※平和ガイド（有料）あり

ホームページ

https://www.yomitan-kankou.jp/tourist/watch/1611319972/

シムクガマの入り口。壕の長さは約2570mある。

ガマの内部から外を見たところ。

ひなん者を説得した2人に感謝する記念碑。

平和を祈る施設

戦争で亡くなった人たちの霊をなぐさめ、平和への思いを新たにするための施設も各地につくられているよ。ぜひ見学してみよう。

平和祈念公園

©OCVB

「平和の礎」や「平和の丘」、「各都道府県沖縄戦関係慰霊塔エリア」などがある広大な公園。

沖縄戦で亡くなった約24万2000人の名前が刻まれている「平和の礎」。

「平和の丘」のモニュメントは、住民がひなんしたガマを再現している。

　沖縄戦最後の地である糸満市摩文仁の丘を南に望む、海岸線の見える台地にある都市公園です。世界の平和を祈り、平和の情報を発信する公園として整備されてきました。公園内には、沖縄戦に関する展示のある沖縄県平和祈念資料館、沖縄戦で犠牲になったすべての人々の名前を刻んだ「平和の礎」、亡くなった人々のたましいをしずめ、永遠の平和を祈る平和祈念像があります。また、摩文仁の丘の上には、国立沖縄戦没者墓苑や慰霊塔があります。修学旅行生や観光客が訪れるほか、家族や友人がレジャーを楽しむ場所にもなっています。

住所	糸満市字摩文仁444
見学	年中無休

ホームページ

https://heiwa-irei-okinawa.jp

沖縄県平和祈念資料館

平和祈念公園内にあり、「平和の礎」を囲むように建てられている。建物の屋根は伝統的な沖縄建築の様式を取り入れている。

沖縄戦の悲惨さを伝える展示。

沖縄と戦争の歴史を紹介する展示。

平和について考える「子ども・プロセス展示室」。

　　多くの戦争犠牲者の霊をなぐさめ、沖縄戦の教訓を正しく次代に伝え、恒久平和を打ち立てることに寄与するため、県民の戦争体験を結集して設立された資料館です。沖縄の歴史や、なぜ戦争が起こったのかの解説、沖縄戦での悲惨な戦闘や住民被害についての展示を見学できるほか、戦争体験者たちの証言文や証言映像にふれることもできます。さらに、戦後のアメリカの統治下での住民の生活、本土への復帰運動などについても、当時の道具類や風景を再現した展示や映像などで説明されています。子どもたちが平和を愛する心をはぐくむことができる「子ども・プロセス展示室」もあります。

住所 糸満市字摩文仁614-1

見学 年中無休（年末年始を除く）
※平和学習教材あり

ホームページ
http://www.peace-museum.
okinawa.jp

ひめゆりの塔、ひめゆり平和祈念資料館

©OCVB

ひめゆりの塔。多くの生徒が亡くなった壕の上に建っている。

ひめゆり平和祈念資料館
沖縄戦が始まる前の学校生活を紹介する展示。

ひめゆり平和祈念資料館
生き残った生徒たちの証言映像。

ひめゆり平和祈念資料館
資料館の入り口。

　ひめゆりの塔は、沖縄戦で亡くなった沖縄師範学校女子部・沖縄県立第一高等女学校の生徒と教師のための慰霊碑です。両校から240名が日本軍の病院に動員され、負傷兵の世話や治療の手伝いに従事しました。日本軍の南部撤退により、生徒たちも南部の壕に移りましたが、アメリカ軍がせまると解散を命じられ、戦場に放り出されました。その結果、生徒・教師136人が亡くなりました。戦後、彼女たちは「ひめゆり学徒隊」と呼ばれるようになります。1989（平成元）年、戦争の悲惨さ、平和と命の大切さをうったえるために、資料館が設立されました。

住所　糸満市字伊原671-1

見学　年中無休
　　　ひめゆりの塔は、資料館閉館時も見学可

ホームページ
https://www.himeyuri.or.jp

対馬丸記念館

戦争に巻きこまれ、短い生涯を終えた子どもたちのことを忘れないためにと、記念館が設立された。

漂流の状況の模型が展示されている。

犠牲者の遺品が展示されている。

記念館の近くには、慰霊碑、小桜の塔がある。

　1944（昭和19）年、沖縄へのアメリカ軍の上陸が心配されるようになると、政府は子どもたちや女性、お年寄りを本土に疎開（ひなんすること）させる方針を定めます。8月21日、大勢の子どもたちを乗せた対馬丸は、那覇港を出て、本土に向かいます。ところが、出港から27時間後、アメリカの潜水艦からの魚雷攻撃を受けてしずみ、乗船者の約8割が犠牲になったとされています。亡くなった人たちの霊をなぐさめ、対馬丸事件の実態を語りつぐため、2004（平成16）年に、対馬丸記念館が設立されました。館内には、当時の小学校の教室の様子や対馬丸内部の様子などが再現されています。

住所 那覇市若狭1-25-37

見学 木曜、年末年始休館

ホームページ
https://www.tsushimamaru.or.jp

八重山平和祈念館

1999（平成11）年に開館した。糸満市にある沖縄県平和祈念資料館の分館として位置づけられている。

沖縄戦と戦争マラリアの悲劇についての展示。

戦争マラリア援護会の活動を紹介する。

児童、生徒たちの平和学習の場にもなっている。

　　熱帯地方を中心に、ハマダラカがマラリア原虫をうつすことで起こるマラリアという感染症があります。発症すると高熱になるなどの症状が出て、最悪の場合は、命を落とす危険もあります。太平洋戦争末期の1945（昭和20）年、八重山諸島の住民が、マラリアのない地域からある地域にひなんさせられたためにマラリアに感染して、約3600人が亡くなるというできごとがありました。これを「戦争マラリア」と呼んでいます。八重山平和祈念館は、戦争マラリアを後世に伝え、人権が尊重される社会をつくることをめざして石垣島に設立されました。館内には、戦争マラリアなどの展示があります。

住所 石垣市新栄町79-3

見学 月曜（祝日を除く）、
　　　12月29日〜1月3日休館

ホームページ
https://www.pref.okinawa.jp/
yaeyama-peace-museum/

佐喜眞美術館

佐喜眞美術館

丸木位里・俊夫妻は、沖縄戦を体験した人々の証言をもとに、それらの人々をモデルとして「沖縄戦の図」という作品をえがきました。佐喜眞美術館は、「沖縄戦の図」を沖縄に置きたいという夫妻の願いにこたえた館長が、1994（平成6）年に開設した美術館です。縦4m、横8.5mの「沖縄戦の図」を常設展示しています。また屋上には、6月23日の「慰霊の日」にちなみ、6段と23段の階段があります。

住所	宜野湾市上原358
見学	火曜、旧盆、年末年始休館

ホームページ

https://sakima.jp

1740年ごろにつくられた亀甲墓。

多くの絵画が展示されている。

庭にある先祖の亀甲墓と統一感をもたせるデザインの建物。

南風原文化センター

南風原文化センター

南風原と沖縄の歴史資料や沖縄戦に関する展示があります。移民や昔の暮らしなどの展示も見られます。沖縄陸軍病院南風原壕を再現し、奉安殿、忠魂碑、学童疎開、移民と戦争、県内の戦争遺跡、南風原の戦災状況などを紹介しています。実物の「弾が貫通した塀」を見られるほか、砲弾の破片で穴のあいた着物、焼けて変形したガラスびんなどが見学できます。

近くの沖縄陸軍病院 南風原壕群20号の見学の受けつけもしている。

住所	島尻郡南風原町字喜屋武257
見学	水曜、年末年始休館 ※団体見学は予約制

ホームページ

https://www.town.haebaru.lg.jp/docs/2013022800327/

病院壕内部の状況を再現する展示。

戦後の庶民の暮らしを伝える展示。

沖縄慰霊の日

犠牲者の霊をなぐさめ、平和を願う

　沖縄県では、毎年6月23日を、「慰霊の日」と定め、「沖縄戦犠牲者の霊をなぐさめ、世界の恒久平和を願う日」としています。沖縄県の条例（都道府県や市町村の決まり）で定められ、沖縄県では休日になります。

　1945（昭和20）年のこの日に、沖縄戦で日本軍の組織的な戦闘が終わったことから慰霊の日に定められました。

　沖縄の各地で戦争犠牲者をしのび、平和への思いを新たにします。沖縄県民にとってはもちろん、日本国民全員にとって、たいへん大切な日といえます。

平和祈念公園内で、慰霊の日とその前夜祭に、戦争の犠牲者をしのんで、夜空に向かってのびる「平和の光の柱」が灯される。

朝日新聞社 / Cynet Photo

前日の夜、糸満市摩文仁の沖縄平和祈念堂で、前夜祭が行われる。ろうそくの灯で「平和」の文字をつくる。

アメリカの統治時代から慰霊の日が決められていたよ。

慰霊の日の当日は、早朝から家族で平和祈念公園を訪れ、犠牲者の名前が刻まれた「平和の礎」の前で祈る人も多い。そなえ物をして、手を合わせる。

朝日新聞社 / Cynet Photo

さまざまなイベントが行われる

慰霊の日には、さまざまなイベントが行われます。糸満市摩文仁の平和祈念公園では、「沖縄全戦没者追悼式」が開催され、参列者が献花や黙とうを捧げ、沖縄県知事が「平和宣言」をします。

また、戦没者に思いを寄せながら糸満市のひめゆりの塔前から平和祈念公園までを歩く平和祈願慰霊大行進も行われます。

戦争終結から長い年月がたち、直接戦争を知らない人が多くなっていますが、続く世代にも戦争の悲劇と平和のとうとさが伝えられています。

アフロ

沖縄全戦没者追悼式で、戦没者の霊に献花をする小中学生。

朝日新聞社 / Cynet Photo

沖縄全戦没者追悼式で、黙とうを捧げる参列者たち。

朝日新聞社 / Cynet Photo

慰霊の日に行われる平和祈願慰霊大行進。

上皇の沖縄への思い

現・上皇は、かねてより「日本では、どうしても記憶しなければならないことが4つあると思います。終戦記念日、広島の原爆の日、長崎の原爆の日、そして6月23日の沖縄の戦いの終結の日です」と口にされ、沖縄へ寄せる強いお気持ちを表してこられました。皇太子時代と天皇になってからをふくめ、計11回沖縄を訪れ、戦没者に祈りを捧げられました。

皇太子時代に沖縄を訪問された上皇ご夫妻。「ひめゆりの塔」で、犠牲者に向けて献花されている様子。

毎日新聞社/アフロ

沖縄、そして世界の今

第二次世界大戦終結から80年の節目に

　第二次世界大戦が終結してから、2025（令和7）年でちょうど80年がたちます。戦争が終わったとき、世界の国々は、国際連合を発足させるなどして、二度と戦争の悲劇をくり返さないよう協力するわく組みをつくりました。日本もまた、他国を侵略した反省から、憲法で戦争を放棄し、平和国家として歩むことを決意しました。

　しかし、多くの人の努力にもかかわらず、21世紀のこんにちも、戦争はなくなっていません。

世界の主な紛争・対立

トルコ・クルド紛争
トルコ、シリア、イラクなどにまたがって暮らすクルド人がトルコ政府と対立する。

北朝鮮のミサイル発射
日本や韓国に向けてミサイルを発射している。また、核兵器を持っている。

シリア内戦
対立する勢力がおたがいに攻撃し合っている。

ミャンマー内戦
2021年の軍部によるクーデターをきっかけに混乱が続く。

Alamy / Cynet Photo

イスラエルによるハマスへの攻撃

　第二次世界大戦の後、アラブ人が住んでいた中東のパレスチナにユダヤ人がイスラエルを建国したことから、周辺のアラブ諸国と対立し、長い間紛争が続いている。

　2023年10月、パレスチナ地区のイスラム組織ハマスがイスラエルを攻撃したことから、イスラエルもハマスの拠点を攻撃し、多くの犠牲者を出した。

世界から争いが絶えない理由はなにか、考えてみよう。

イスラエルの空爆によって破壊される、ハマスの拠点があるガザ地区。

ロシアのウクライナ侵攻

　2022年2月、ロシアが隣国のウクライナに侵攻した。ロシア軍は、ウクライナの市街地にも爆撃を加えるなど、街を破壊し、多くの犠牲者を出した。ウクライナがアメリカやヨーロッパの国々と友好を深めることに危機感をいだいたロシアが、ウクライナを支配下に置こうと意図したもの。戦闘状態は長引き、2024年現在も、解決のいとぐちは見つかっていない。

Alamy / Cynet Photo

ロシア軍の攻撃で破壊されたウクライナの市街地。

ベネズエラと
ガイアナの領土紛争

　2023年12月、ベネズエラが隣国ガイアナの一部を自国の領土であると宣言し、紛争に発展。

世界の中での視点で

　沖縄が本土に復帰してから50年以上がすぎました。「沖縄を平和な島に」という沖縄の人々の願いはいまだ実現していません。沖縄の問題を考える際に、国際的な視点をもつことも大切です。

　過去のベトナム戦争では、沖縄が重要な拠点となり、その後の沖縄の歩みにもえいきょうをあたえました。将来、もしも中国と台湾の間で軍事的なしょうとつが起こった場合、すぐ近くの沖縄も巻きこまれる心配があります。世界の動きの中で沖縄の問題を考えることで解決への道がより鮮明に見えてくるかもしれません。

中国と台湾の対立

　第二次世界大戦が終わった当時、中国には国民党が代表していた中華民国があったが、共産党との内戦に敗れた。1949年に共産党の中華人民共和国ができ、国民党は台湾にのがれた。中国は台湾を中国の領土の一部であるとして、アメリカ、日本など、多くの国もそれを認めている。将来、中国が台湾に侵攻する可能性もあるとされ、その場合は、アメリカが台湾を支援して中国と対立し、大きな紛争になることが心配されている。

©PIXTA

中国と台湾の紛争にアメリカが加われば、沖縄のアメリカ軍基地から軍が出動することになるかもしれない。

台湾付近で軍事演習を行う中国軍。

ロイター/アフロ

「命どぅ宝」〜永久の平和を

「非武の文化」を受けついで

19世紀に琉球王国を訪れた西洋人が、「琉球の人たちは武器を持たない」とおどろいたという話が知られています。琉球の人がいっさいの武器を持たなかったとまではいえないようですが、琉球の人たち自身が争いを好まないことをほこりに思っていたことはうかがえます。

明治時代になり、日本政府が琉球王国を日本に組み入れて軍を置こうとしたとき、琉球王国は「琉球は昔からわずかの兵士も備えず、諸国には礼儀によって対してきた。日本政府が琉球に軍隊を置けば、それがかえって困難の種になりかねない」と断っています。沖縄の人々の根底には、「非武（武力を使わない）の文化」があるのです。

しかし、その思いは戦争によって打ちくだかれました。激しい地上戦で沖縄の住民の4人に1人が犠牲になるという悲惨な経験から、沖縄の人々は、二度と戦争を起こさないと決意したのです。

「命どぅ宝」。これは沖縄の言葉で「命は何ものにもかえられない宝物である」ということを意味します。平和を求める沖縄の人々の気持ちをよく表している言葉です。

非核・平和沖縄県宣言

戦争は無差別に破壊し尽くす

すべての生命を

生活を

文化を

歴史を

自然を

太平洋戦争最後の地上戦があった
この地沖縄

街や村がやかれ

二十万余が命を奪われた

祖先が築き上げた文化遺産は失われ

地形をも変えた

その傷あとは今なお癒えない

戦争その悲惨な体験をいしずえとして

私たちは

世界の人びとへ訴える

一切の核兵器と

あらゆる戦争をなくし

武器にかえて対話を

そして愛と信頼で

地球を平和に満ちたみどりの星にしよう

私たち沖縄県民は

「イチャリバチョーデー」を合い言葉に

万国津梁の地の建設を希求し

世界の恒久平和を願い

声高らかに非核・平和沖縄県を宣言する

1995年6月23日沖縄県

※「イチャリバチョーデー」とは、「一度出会えば、みな兄弟」という意味です。

平和を学ぶ場として

沖縄を訪れ、戦争と平和について学ぶ児童・生徒が大勢います。修学旅行で訪れた人たちのために、戦争と平和について学ぶプログラムも用意されています。戦争史跡や平和のための施設を見学したり、直接戦争の話を聞いたりして、戦争の記憶にじかにふれることで、平和の大切さにあらためて気がつくことでしょう。

沖縄は、戦争と平和を学ぶ教育の場でもあります。あなたも沖縄を訪れる機会があれば、ぜひ学んでみましょう。

見て、ふれて、学べる場所がたくさんあるよ。

©PIXTA

私たちに何ができるのか

第二次世界大戦が終わって80年近くたった今も、世界から戦争はなくなっていません。今まさに戦争に苦しんでいる人も大勢います。みんなが「戦争はいやだ。平和が大切だ」と思っているはずなのに、戦争はなくなりません。

平和を守っていくことはそれほど難しいのです。では、私たちには何ができるのでしょう。世の中が戦争に向かわないように声を上げたり、行動を起こしたりするのも方法のひとつですが、まだ若いあなたたちには難しいかもしれません。今あなたにもできることは、「戦争を忘れないこと」、そして「平和について考えること」ではないでしょうか。

沖縄のことを学んだ今、ぜひ"平和"に目を向け、学んでみてください。

平和を守るために

沖縄の今を知り、
平和のとうとさがわかった。

解決するのが難しい
ということもね…。

そうだね。

沖縄が今かかえて
いる問題がわかった。

「沖縄を平和な島に
したい」という願いはだれも
が持っているはずだね。

平和を求めるためにも、
戦争のことから目を
そむけてはいけないね。

はい。

以前は、戦争を体験した方たちから子どもたちが話を
聞く機会もあったんだ。

戦争体験者の話を聞く会

「以前」?

最近は戦争の
体験者が少なく
なり、直接話を
聞くことが難しく
なっているんだ。

インターネットを使えば…。

そうだね、動画サイトで見ることもできるし…。

手記を読むこともできる。

戦争のことをえがいたドラマやアニメもあるね。

見たことがある！

きみたちのような若い世代も、

ぜひ戦争のことを忘れないでいてほしい。

うん、シーサー！

ぼくたちが、平和のために何ができるかも、

考えないとね。

池上さん、いろいろありがとうございました。

またいっしょに学ぼうね。

みんなも、またやーさい！（またね）

沖縄の問題

日本にあるアメリカ軍施設の約70%が沖縄県に集中している。

日本とアメリカの間には、日米安全保障条約が結ばれているため、アメリカ軍基地が日本に置かれている。

沖縄のアメリカ軍基地。
©PIXTA

朝日新聞社 / Cynet Photo

アメリカ軍のヘリコプター墜落事故。

日米地位協定で、アメリカ軍人が起こした事件や事故について、日本の捜査などが制限されている。

沖縄県にアメリカ軍基地があることで、事件や事故、騒音、環境汚染などの問題が起こっている。

普天間飛行場を、沖縄島北部の辺野古地区に移転することで日米政府が合意している。

辺野古地区への移設にともない、沿岸をうめ立てることへの反対運動が起こった。

沖縄県、沖縄の市町村と日本政府、アメリカ政府の思惑が一致せず、解決が難しい問題となっている。

沖縄は本土と比べて経済面でも格差がある。

中国や台湾が尖閣諸島を自国の領土だと主張している。地政学的に見ると、沖縄は非常に重要な拠点である。

読谷村

戦争史跡のひとつ。

沖縄で戦争と平和を考える

沖縄には、地上戦が行われたころの様子を伝える戦争史跡が残っている。

平和を願うための施設も各地にある。

毎年6月23日は「沖縄慰霊の日」として、県民が戦争犠牲者をしのび、平和への思いを新たにする。

第二次世界大戦後、今にいたるまで、世界から戦争がなくなっていない。沖縄の問題も、世界の動きの中でとらえることが求められる。

永久の平和を願い、戦争と平和について考えていきたい。

朝日新聞社 / Cynet Photo

沖縄慰霊の日の様子。

さくいん

教えて！池上彰さん

沖縄から考える戦争と平和
第3巻 沖縄の今

監修 池上彰（いけがみ・あきら）

1950年生まれ。ジャーナリスト、名城大学教授、東京工業大学特任教授、東京大学客員教授、愛知学院大学特任教授。立教大学、信州大学、順天堂大学でも講義を担当。慶應義塾大学卒業後、73年にNHK入局。94年から11年間、「週刊こどもニュース」のお父さん役として活躍。「知らないと恥をかく世界の大問題」シリーズ、『何のために伝えるのか？ 情報の正しい伝え方・受け取り方』（KADOKAWA）、『池上彰の「経済学」講義1・2』（角川文庫）など著書多数。「教えて！池上彰さん どうして戦争はなくならないの？ 地政学で見る世界」シリーズ（小峰書店）など監修も多数。

ブックデザイン	高橋コウイチ（WF）
企画・編集	山岸都芳（小峰書店）
編集協力	大悠社
表紙イラスト	フジタヒロミ（ビューンワークス）
イラスト	すぎうらあきら
図版作成	アトリエ・プラン

２０２４年４月９日　第１刷発行

監修者	池上彰
発行者	小峰広一郎
発行所	株式会社 小峰書店

〒162-0066 東京都新宿区市谷台町4-15
電話 03-3357-3521 FAX 03-3357-1027
https://www.komineshoten.co.jp/

印刷	株式会社 三秀舎
製本	株式会社 松岳社

参　考　文　献

●比嘉政夫『沖縄からアジアが見える』（吉川弘文館）●松島泰勝編著『歩く・知る・対話する琉球学（明石書店）●楳澤和夫『これならわかる沖縄の歴史Q&A 第2版』（大月書店）●上里隆史『マンガ 沖縄・琉球の歴史』（河出書房新社）●上里隆史監修『琉球・沖縄 もっと知りたい！ くらしや歴史』（岩崎書店）●新城俊昭『教養講座 琉球・沖縄史 改訂版』（編集工房 東洋企画）●新城俊昭『新訂ジュニア版 琉球・沖縄史』（編集工房 東洋企画）●田名真之監修『琉球・沖縄を知る図鑑』（平凡社）●昭文社編集部編『地図で読み解く初耳秘話 沖縄のトリセツ』（昭文社）●新城俊昭監修『いまこそ知りたい！沖縄が歩んだ道1～3』（汐文社）●安斎育郎『ビジュアルブック 語り伝える沖縄 第1巻～第5巻』（新日本出版社）●平和学習に役立つ 戦跡ガイド編集委員会編『平和学習に役立つ 戦跡ガイド ③オキナワ』（汐文社）●上原靜監修『事前学習に役立つ みんなの修学旅行 沖縄』（小峰書店）●新崎盛暉ほか『観光コースでない沖縄 第5版』（高文研）